Couvertures supérieure et inférieure
en couleur

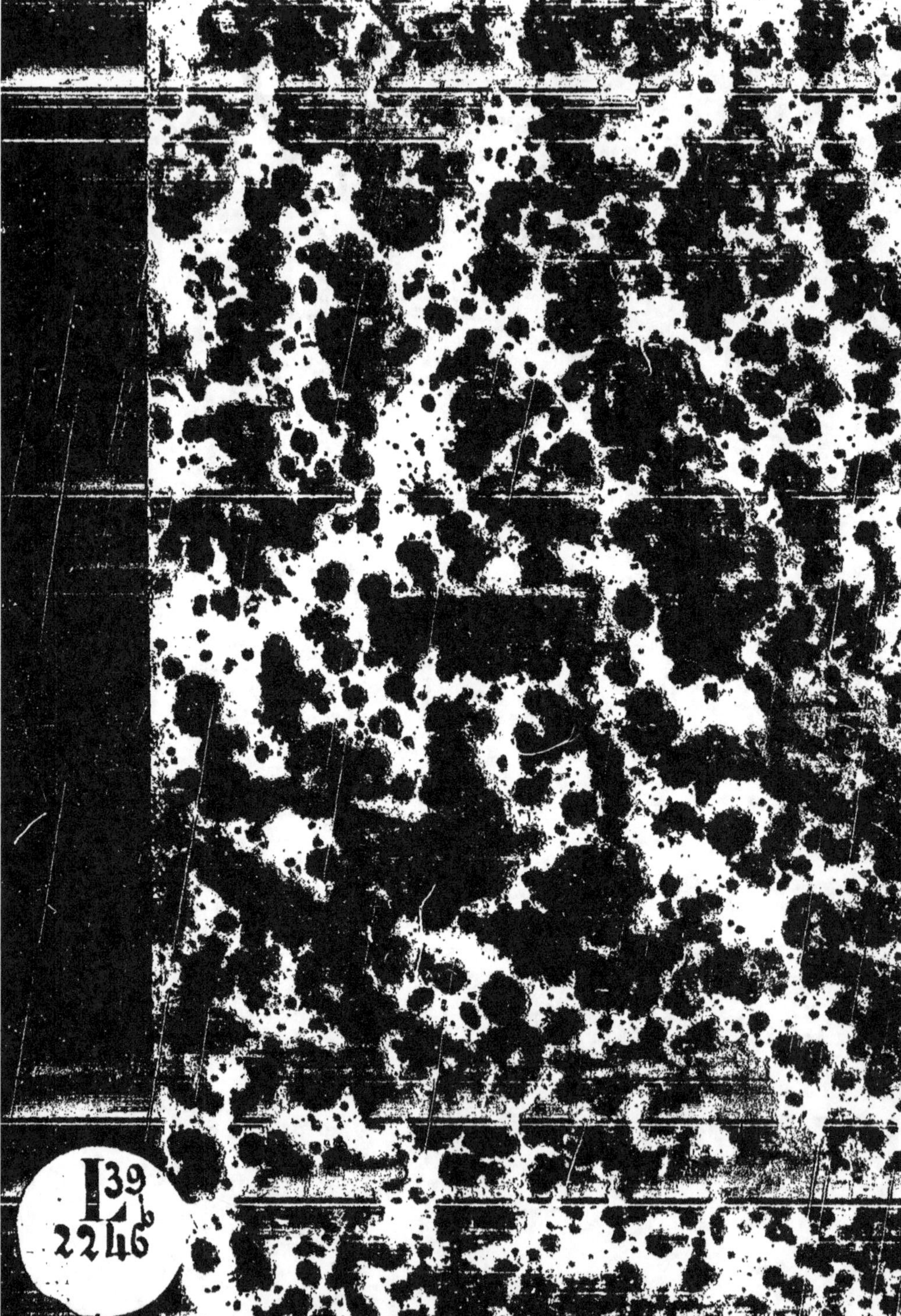

A L'ASSEMBLÉE NATIONALE,

SUR

LES MOYENS

DE FORMER

LA CONSTITUTION ET LES LOIX,

Sans tumulte, sans confusion, & avec toute la décence qui doit caractériser des Législateurs.

PAR M. BORRELLI, Membre ordinaire de l'Académie Royale des Sciences & Belles-Lettres de Berlin, Associé de celle de Marseille.

OUVRAGE publié & présenté à l'Assemblée Nationale, par M. HUGOU DE BASSVILLE, de plusieurs Académies, & Membre du Comité du District des Filles Saint-Thomas.

A PARIS,

Chez BARROIS, le jeune, Libraire, Quai des Augustins;

ET

Chez les Marchands de Nouveautés du Palais-Royal.

1789.

Messeigneurs,

L'accueil favorable que vous avez fait au premier Ouvrage de M. Borrelli a soutenu son zèle ; il descend une seconde fois dans l'arène avec une nouvelle vigueur, pour vous offrir des réflexions qui vous appartiennent, Messeigneurs, puisqu'il les a puisées dans vos propres ouvrages.

Chargé de vous offrir ce nouveau tribut de patriotisme, je devrois, peut-être, profiter de l'occasion, pour vous dire un mot & des talens, & des vertus de M. Borrelli..... Ma voix trop foible n'ajouteroit rien à sa gloire.....; il a été loué par Frédéric-le-Grand ; & son nom, consigné avec éloge dans les ouvrages de cet illustre Souverain, passera, avec le sien, à la postérité la plus reculée. Puisse-t-il de même, à l'ombre des lauriers que vous cueillez, être immortel pour la Nation Françoise, que vos travaux & vos décrets vont régénérer, & rendre la première Nation du Monde !

Je suis, avec un profond respect,

MESSEIGNEURS,

Votre très-humble & très-obéissant serviteur,

HUGOU DE BASSVILLE.

A L'ASSEMBLÉE NATIONALE,

SUR LES MOYENS

DE FORMER

LA CONSTITUTION ET LES LOIX,

Sans tumulte, sans confusion, & avec toute la décence qui doit caractériser des Législateurs.

MESSEIGNEURS,

Je lis, avec tout l'empressement d'un vrai Patriote, les procès-verbaux de vos délibérations ; & j'ai long-tems éprouvé la plus douce satisfaction à cette lecture.

Mais, je vois aujourd'hui, avec une extrême douleur, que vos Assemblées deviennent de jour en jour plus tumultueuses ; qu'on y fait, à la fois, & confusément, une multitude de motions différentes & disparates; que le tems, dont il vous importe tant d'être économes, dans des circonstances aussi critiques, se passe

A

bien souvent en débats inutiles; qu'il s'élève parmi vous plusieurs factions également dangereuses ; que, quelquefois les Orateurs les mieux intentionnés sont forcés de descendre de la Tribune, & de se dérober aux marques trop éclatantes d'improbation de la part de leurs adversaires; qu'insensiblement les meilleurs esprits se dégoûtent, & se condamnent d'eux-mêmes au silence; qu'il a même été question de vous séparer, au mépris du serment le plus solemnel, demander de nouveaux Représentans; que la Constitution n'est encore qu'à peine ébauchée; qu'un désordre, si peu attendu, fait baisser les fonds publics, anéantit la confiance, accroît tous les jours davantage les cruels embarras du pouvoir exécutif, & la déplorable pénurie du Trésor Royal; qu'enfin les ennemis de la France triomphent de vos orageuses contestations, & se préparent à les mettre à profit; tandis que nos Concitoyens, consternés, commencent à perdre les espérances que leur avoient fait concevoir la réunion des trois Ordres de l'Etat, & le concours de tant de lumières & de vertus.

Daignez, MESSEIGNEURS, excuser ma franchise : je suis François; & je n'ai ni la volonté, ni l'audace de vous censurer. Je n'ambitionne que d'être utile. Mon unique objet est de rechercher avec vous, en bon Citoyen, ce qui peut assurer plus efficacement la régénération de la Monarchie. J'ai mûrement réfléchi sur les inconvéniens & les maux, dont vous êtes, sans doute, les premiers à gémir; & si les moyens que je vous propose, pour en arrêter les suites funestes, vous paroissent mériter d'être adoptés, je suis convaincu, qu'au lieu de vous offenser de la liberté que je prends, vous me saurez gré de mon zèle, & que, dans tous les cas, vous rendrez justice à mon patriotisme.

I.

La Nation vous demande une Constitution, comme base de sa prospérité; elle n'en a point eu jusqu'ici; & toute société qui n'est pas fondée sur des principes inaltérables, n'est jamais parfaitement heureuse ni tranquille : il n'est pas de vérités plus frappantes ni moins contestées.

Mais, avant de vous occuper de ce grand objet, vous deviez prévoir, que, des premiers coups que vous porteriez à l'édifice gothique que vous alliez abattre de fond en comble, résulteroit infailliblement une Anarchie générale, & plus fatale encore à la félicité publique que le despotisme même. Jamais un peuple, qui a été long-temps esclave & opprimé, ne brise ses fers, sans mesuser de sa liberté dans les premiers momens de son effervescence. La vengeance l'entraîne; il ne connoît plus d'autre plaisir que d'assouvir sa rage sur ses anciens tyrans; aucune autorité n'est capable de le retenir dans de justes bornes; il foule aux pieds les loix les plus sacrées; il brave insolemment tous les Tribunaux, & le Trône même n'a plus rien d'imposant pour lui. Ce ne sont pas les hommes éclairés, les Citoyens instruits, les vrais philosophes (quelle que soit leur haine contre la tyrannie) qui doivent inspirer des allarmes, dans ces sortes de convulsions du corps politique; c'est le vulgaire, qui manque de principes, & qui, par-tout, est également stupide & féroce.

Vous avez trop compté, MESSEIGNEURS, sur la douceur naturelle des mœurs françoises.

I I.

Les préliminaires de la Constitution sont admirables, & les maximes qu'ils contiennent sont, pour ainsi parler, tout autant d'Oracles de la Justice & de la Raison; je ne connois personne qui n'en convienne.

Cependant, 1°. il étoit facile de voir combien il étoit dangereux de commencer par discuter *les Droits de l'Homme & du Citoyen*; &, sur ce point, si important, l'Assemblée s'est partagée entre deux opinions différentes.

Quelques-uns d'entre vous ont pensé que ce chapitre devoit être placé à la fin de la Constitution; & la majorité a prétendu, au contraire, qu'il lui serviroit d'introduction d'une manière plus naturelle.

Si les premiers n'ont voulu que prévenir l'affreux bouleversement qui s'est fait dans tout le Royaume, après la publication de ces vérités générales, on ne peut que louer leur sagesse; il étoit évident, en effet, que le peuple diroit : « Je suis libre, & je veux désormais » défendre mes droits naturels & imprescrip- » tibles ; le Gouvernement n'a jamais été » qu'oppressif, & je dois me venger de ses

» attentats ; on m'a écrasé sous le poids des
» impôts , & ces impôts étoient illégalement
» ordonnés & injustement perçus ; je ne païrai
» plus à l'avenir qu'à ceux qui seront con-
» sentis par la Nation elle-même ». Le sage
qui raisonne se plie à la nécessité des circonstances , & ne va jamais au-delà de ce
qu'il peut ou de ce qu'il doit ; mais la populace
imbécille ne suit que sa fougue, son ressentiment, sa fureur, & se porte à tous les
excès , dès qu'elle croit être sûre de l'im-
punité.

Si les seconds , à leur tour , n'ont con-
sulté que l'ordre qui doit régner dans la
collection des Loix constitutives de la Monarchie, on ne sauroit également s'empêcher
d'applaudir à l'esprit philosophique qui les
dirige ; car il est certain qu'avant de dé-
terminer & d'établir les divers pouvoirs cons-
titutionnels, la raison veut qu'on approfondisse
d'abord, & qu'on fixe invariablement ce
que chaque individu est en droit de prétendre ,
& comme Homme, & comme Citoyen, dans
la société dont il fait partie.

Mais il étoit fort-aisé , si je ne me trompe,
de concilier ces deux opinions , & de trouver

un juste milieu, qui, en dissipant les craintes des uns, eût complettement satisfait les autres: je m'expliquerai tout-à-l'heure sur cet objet.

2°. En discutant *les droits de l'Homme & du Citoyen*, vous pouviez encore penser, que la liberté du culte public seroit inévitablement soumise à vos délibérations ; car, comment déclarer à tous les hommes *qu'ils naissent libres & égaux en droits*, sans s'imposer en même - tems la nécessité de statuer que *l'exercice de cette liberté & de cette égalité naturelle* embrasse & les opinions religieuses, & le culte public qui est dû à l'Etre Suprême ? Sommes-nous *libres*, si on exerce une autorité quelconque sur nos consciences ? Et participons-nous aux mêmes droits *avec égalité*, comme Citoyens, si nous ne pouvons pas tous offrir publiquement à Dieu nos justes hommages, & l'honorer à notre manière ?

Cette question étoit trop délicate, pour ne pas vous réduire à la fâcheuse alternative, ou de heurter de front les préjugés de notre Clergé, & les superstitions populaires qu'il vous importoit de ménager dans un moment de crise, ou de réveiller le ressentiment & la haine d'environ deux millions de Sujets fidèles, jusqu'ici opprimés & persécutés, dont tout le crime, si c'en est un aux yeux de la Loi, est de ne pas adopter tous nos dogmes, & de ne pas se croire obligés de vivre & de mourir sous l'empire de la Religion dominante.

Le dernier inconvénient vous a paru moindre que le premier : & quoique l'un de vos plus illustres Orateurs (M. Rabaut de Saint-Etienne) ait plaidé la cause des non-Catholiques, ou plutôt de la raison & de la justice, de la saine politique & de l'humanité, avec toute la dialectique, & toute l'éloquence d'un Démosthène, vous vous êtes bornés à prononcer sur la liberté des opinions religieuses.

J'ignore quel effet a produit en France votre circonspection; mais, à en juger par la sensation qu'elle a faite en pays étranger, je me persuade que vous n'êtes pas aujourd'hui sans regret, d'avoir fait naître une question, qui, pour être discutée sans danger, devoit être renvoyée à une époque moins orageuse.

3°. Enfin, ce chapitre, si essentiel & si instructif, pour la génération future sur-tout, à laquelle vous vous proposez de transmettre la connoissance exacte de ses droits naturels, n'est rien moins que complet;

& il est fort à craindre qu'il n'en soit de même de tous ceux qui sont destinés à former notre Constitution,

Une nombreuse Assemblée, comme la vôtre, composée de l'élite de la Nation, peut recueillir & préparer en fort - peu de tems tous les matériaux qui doivent entrer dans la construction d'un grand édifice ; mais elle se flatteroit en vain de l'élever d'après des principes d'uniformité, & d'en perfectionner à la fois toutes les parties.

Je tracerai bientôt la marche que j'envisage comme la plus sûre, comme la plus convenable à votre position, & qui, selon mes foibles lumières, en vous applanissant toutes les difficultés, vous conduiroit, avec infiniment plus de célérité, au terme glorieux de votre carrière.

I I I.

Le fameux décret du 4 Août suffiroit, Messeigneurs, pour immortaliser le nom François, & pour convaincre nos ennemis & nos détracteurs de quels généreux sacrifices nous sommes capables, quand il est question de sauver le Trône & la Patrie. L'Histoire ancienne & moderne de tous les Empires, ne nous présente aucune époque plus mémorable; & jamais, peut-être, l'enthousiasme de la solide gloire & du bien public ne produira, dans les siècles à venir, d'aussi beaux actes de patriotisme, & en si grand nombre, consommés en un jour & avec le concours unanime de tous les Représentans d'une grande Nation.

Mais ici vous avez encore oublié que tous les ressorts du Gouvernement étoient, pour ainsi dire, brisés; nos loix étoient sans force & peu respectées; que tous nos Tribunaux n'avoient plus qu'une existence précaire; que le Despotisme Ministériel, enchaîné à son tour, n'avoit plus de frein à opposer à la fureur populaire; que le Monarque lui-même, frappé de l'abus monstrueux qu'on avoit toujours fait de son autorité, & ne pouvant prévoir où s'arrêteroit une Nation sensible, & justement irritée des maux qu'elle avoit soufferts, osoit à peine élever sa voix paternelle, pour conjurer l'orage qui menaçoit de toutes parts ses Etats, & pour rappeler la paix & la tranquillité parmi ses Sujets.

Depuis, on a cessé, dans bien des endroits, de payer les impôts, les dîmes, les droits féodaux. On s'est révolté contre les Seigneurs, & l'on a bravé impunément leurs Officiers de Justice. Des Princes étrangers qui possèdent des domaines en France, ont adressé leurs plaintes à différentes Cours, & ont réclamé la foi des Traités : les Braconiers se sont répandus dans nos campagnes : les Brigands ont ravagé, saccagé, brûlé les châteaux : on a forcé une foule innombrable de Citoyens opulens à chercher leur sûreté dans les Etats voisins, où ils ont emporté une grande partie de notre numéraire ; on a égorgé, sans formalités judiciaires, & avec une férocité barbare, une infinité de victimes, peut-être innocentes ; & ces affreux désordres, qui seroient dignes des cannibales, mais qui sont flétrissantes pour un Peuple civilisé, durent encore, & portent l'effroi, la consternation & le désespoir dans tous les esprits.

Il faut faire le bien, je le sais; mais il faut l'opérer avec le moins de convulsion & de bouleversement que l'on peut. Il est tems d'arracher les Peuples à l'esclavage, & de les faire rentrer dans la jouissance de leurs droits légitimes; mais la prudence exige qu'on prépare avant tout les esprits; & sur-tout que

le Gouvernement soit mis en état de les contenir dans les bornes d'un rigoureux devoir.
Nos loix, nos coutumes, notre administration
sont absurdes, inconséquentes ou oppressives;
mais, jamais on ne doit détruire un édifice,
nécessaire aux besoins publics, sans s'être assuré
des moyens de le reconstruire tout de nouveau.

I V.

Il n'est que trop ordinaire aux plus beaux
génies, aux hommes les plus sages & les plus
éclairés, de tomber dans quelques erreurs; mais
il est encore plus glorieux de les réparer,
&, par-là, de donner un grand exemple à
ses successeurs.

Vous avez déjà rempli une partie de l'attente
de la Nation; & la reconnoissance qu'elle
vous doit est d'autant plus vive, que tous les
genres de périls ont menacé vos têtes, que
les difficultés, les plus invincibles en appa-
rence, se sont opposées à vos succès.

Il ne nous reste plus qu'à profiter de l'expé-
rience que vous avez acquise, pour achever,
avec moins de travail & plus d'honneur encore,
s'il est possible, le grand & immortel ouvrage
qui vous occupe, & qu'à procéder à vos

délibérations ultérieures avec moins de tumulte & de confusion ; avec toute la décence, tout le calme, toute la maturité qui doivent caractériser des Législateurs.

Je connois mes forces, & je ne prétends pas instruire mes maîtres ; mais, comme bon François, je vous dois l'hommage de mes observations & de mes pensées.

V.

L'Anarchie règne dans tout le Royaume. Tout le monde veut commander : personne ne veut obéir. Chaque Citoyen soupire après le bonheur qu'il se promet d'une bonne Constitution ; & aucun n'a la patience d'attendre que vous ayiez pris les mesures pour l'assurer. On gémit des maux de l'Etat, & chacun se refuse aux moyens d'en tarir la source.

Quel doit être votre premier objet dans ces circonstances ? C'est d'établir provisoirement une force publique, qui, en affermissant l'empire des loix existantes, vous permette de vous livrer tout entier, & sans inquiétudes, comme sans distraction, à vos intéressans travaux.

Vous adressez vos décrets à l'Armée, à la

Garde nationale, aux Cours de Justice, aux Municipalités, aux Assemblées provinciales, &, nulle part, ils ne sont exécutés rigoureusement ni ponctuellement.

D'où vient cette inexécution alarmante ? pourquoi ne s'empresse-t-on pas, avec plus d'ardeur, de concourir avec vous à la sûreté & à la tranquillité générales ? C'est qu'aucun des Corps de l'Etat, que le pouvoir exécutif doit faire mouvoir, n'est encore ce qu'il doit être; c'est qu'ils sont encore tous incertains sur leur conservation ou sur le mode de leur existence; c'est qu'ils n'ont point encore de pouvoirs suffisans, ni d'instructions assez détaillées, pour n'agir que légalement, & conformément au vœu national.

Commencez, MESSEIGNEURS, par organiser l'Armée, la Garde nationale, les Tribunaux, les Municipalités, les Assemblées provinciales ; & rien alors ne vous distraira plus de vos occupations importantes. Le calme & la paix renaîtront par-tout, & le Roi continuera de percevoir les subsides de la Nation paisiblement & sans violence ; les possesseurs des fiefs ne seront point molestés dans leurs Domaines, & le Clergé ne sera réduit, ni à abandonner le service divin, faute de subsistance, ni à lutter scandaleusement avec ses contribuables, ni à troubler vos opérations & celle de l'administration par ses doléances.

Prescrivez les peines les plus sévères & les plus promptes contre les perturbateurs du repos public. Tout sage Gouvernement est modéré, sans doute; mais dans des tems de troubles, de dissensions, de révolutions politiques, il importe d'arrêter le cours des délits, par l'appareil imposant de l'autorité, & par la rigueur des supplices.

C'étoit en pareil cas que les Romains créoient un *Dictateur*, qu'ils revêtoient du pouvoir suprême. L'autorité de nos *Grands Prévôts* est déjà fort-redoutable par elle-même. Etablissez encore, s'il en est besoin, dans les grandes villes sur-tout, un premier Magistrat qui, jusqu'à l'affermissement du bon ordre & de la sûreté, imprime le respect & la crainte dans tous les esprits turbulens & séditieux.

J'ai lu dans vos procès-verbaux, que plusieurs Officiers-généraux avoient refusé de prêter le serment porté par vos décrets. Si c'est pour avoir ignoré les formalités qu'ils doivent

remplir, dans un acte aussi solemnel, hâtez-
vous de remédier à ce défaut d'instruction ;
mais, si c'est par esprit de rebellion, & pour
s'être crus indépendans de votre autorité,
punissez-les avec la plus inflexible rigueur.
Ce dangereux exemple pourroit devenir con-
tagieux ; & le concours des troupes royales,
pour la tranquillité publique, est d'une nécessité rigoureuse. Comment compteriez-vous
sur leur obéissance & leur fidélité, si leurs
Chefs, qui résistent à vos décrets, restoient
impunis ? Elles n'ont reconnu jusqu'ici que
les ordres du Roi ; il est tems de détruire
leurs anciens préjugés, & de leur apprendre
à ne pas moins respecter la majesté de l'Assemblée de la Nation que celle du Trône
même.

V I.

La force publique, une fois établie solide-
ment, par l'organisation des différens Corps
politiques, dont je viens de parler, l'égalité
des recettes & des dépenses du Trésor Royal,
devient, sans contredit, le plus pressant objet
de vos recherches & de vos délibérations.

Ce Trésor est vuide, & les embarras, les
sollicitudes,

sollicitudes, les angoisses de M. Necker sont effroyables. Quel zèle, quel courage, quelle constance, que de travaux, pour maintenir l'immense machine de notre finance, qui menace ruine de toutes parts ! Un jour, vous décernerez à ce grand Ministre le titre mérité de *Restaurateur de la Prospérité Nationale*, comme vous avez déjà justement décerné au Roi celui de *Restaurateur de la Liberté Françoise*. Mais il s'agit aujourd'hui de seconder puissamment ses bonnes intentions & ses vues patriotiques.

N'envisagez les réductions qu'il vous a proposées le 8 Mai dernier, & le 26 Septembre suivant, que comme de simples apperçus, destinés à vous servir de guide & non de règle. Dans le poste glissant qu'il occupe, au milieu d'une Cour intrigante, & toujours avide de graces, près d'un Souverain, respectable sans doute par ses vertus, mais dont la bienfaisance & la bonne foi ont été si souvent surprises, il ne lui convient ni de vous dévoiler tous les abus que vous avez à corriger, ni de vous détailler toutes les réformes économiques que le bien public vous commande.

Mais, suivez le fil que vous présente ce sage

B

Ministre , & pénétrez dans le labyrinthe; alors , (j'ose le prédire d'avance) vous ne couvrirez pas seulement le *déficit* actuel; mais vous trouverez encore, dans la réduction des dépenses & dans la suppression des faveurs extorquées , de quoi alléger infiniment le fardeau des charges publiques.

Supposons néanmoins (ce que je suis très-éloigné de penser) que les épargnes & l'abolition des faveurs abusives ne remplissent pas entièrement votre objet. Le patriotisme s'est aujourd'hui réveillé dans toutes les ames, sous l'heureuse influence de la liberté. Invoquez-le dans ce moment de crise; & ne doutez pas que tous les bons Citoyens ne s'empressent de venir au secours de l'administration.

D'ailleurs, la Nation vous a confié tous ses pouvoirs , parce qu'elle n'attend son salut que de votre zèle & de vos lumières. Elle vous obéira, sans opposition comme sans délai, si vous décrétez un subside extraordinaire & proportionné aux besoins communs. Quel François, selon la mesure de ses moyens, oseroit refuser un léger sacrifice, pour raffermir l'Etat, réparer nos disgraces, & confondre nos ennemis, qui nous croient perdus sans ressource?

Voilà le seul parti peut-être que nous ayons à prendre ; & c'est en même tems le seul qui se concilie avec notre gloire.

Les deux emprunts de 30 & de 80 millions ont manqué, & il étoit impossible qu'ils réussissent. L'énormité de la dette publique, la suspension, au moins partielle, des pensions & des rentes, les troubles intérieurs de tout le Royaume, les événemens du 22 Juin & du 12 Août sur-tout, &, s'il m'est permis de le dire encore, vos tumultueux débats, le peu d'harmonie qui règne parmi vous depuis quelque tems, toutes ces considérations réunies devoient effrayer les capitalistes, tant étrangers que nationaux, & les empêcher d'exposer leurs fonds à de nouveaux hasards.

Mais, daignez enfin, MESSEIGNEURS, faire entendre à la Nation françoise, à ce Peuple généreux & sensible, la voix de l'honneur & de la Patrie, & tous les embarras du Gouvernement vont être finis.

V I I.

Quand le repos public est assuré, quand l'équilibre est rétabli dans les finances, entre

les dépenses & la recette, quand l'Administration n'est plus ni contrariée dans ses vues,
ni gênée dans ses opérations, tous les sujets
d'alarmes & d'inquiétudes disparoissent devant
vous ; toutes les difficultés sont levées ; rien
n'est plus capable d'arrêter l'activité de votre
zèle, ni de suspendre vos travaux pour la con-
fection de la Constitution & des Loix.

Mais, veuillez bien me permettre de vous
représenter, que la manière de procéder, que
vous avez adoptée est seule cause, & de la pérte
du tems que vous avez à regreter, & de la
multiplicité des motions qui a nécessité tant de
délibérations inutiles, & de la jalousie d'opinions qui a produit parmi vous différens
partis, & du dégoût qu'ont éprouvé les
meilleurs esprits de votre Assemblée, & de la
violence de vos débats journaliers, qui, plus que
toute autre cause, a anéanti le crédit national
dans le moment même où l'on espéroit, avec
raison, de le voir s'élever plus haut que
jamais.

Développons successivement ces diverses
causes des inconvéniens dont nous nous plai-
gnons, & tâchons de découvrir les moyens les

plus convenables & les plus propres à les détruire.

V I I I.

En travaillant à la Constitution, MESSEIGNEURS, vous vous êtes, ce me semble, proposés de composer méthodiquement un ouvrage, où tous les grands objets soient distribués dans l'ordre le plus analytique, où toutes les maximes fondamentales s'enchaînent les unes aux autres, où, enfin, dans l'ensemble & dans les détails, tout soit uniforme, achevé & complet.

Je conviens que c'est-là le but auquel vous devez tendre ; mais il est démontré à mes yeux, non-seulement qu'une grande Assemblée n'enfantera jamais un pareil chef-d'œuvre de raison & de philosophie ; mais encore qu'il n'y a que le tems, le travail le plus soutenu, la constance la plus inébranlable, qui soient capables de le porter à cette haute perfection.

Il seroit expédient, selon moi, que vous abandonnassiez la première méthode ; & qu'au lieu de former la Constitution, si je puis m'exprimer ainsi, *d'un seul jet*, vous vous bornassiez, pendant plusieurs mois, à décréter, d'une manière isolée & sans ordre ; toutes les maximes que vous jugeriez nécessaires, & dignes d'entrer dans le code politique, civil & militaire de la France.

Un Architecte qui veut élever un grand édifice, commence par tracer le plan qu'il doit suivre ; il rassemble ensuite tous les matériaux qu'il y doit employer ; il en prépare peu-à-peu les différentes pièces, les taille, les polit, les arrange ; enfin, les habiles manœuvres, dont il a fait choix, finissent par les mettre à la place qu'il leur a destinée.

Cette marche est celle de la raison ; toute autre entraîne mille erreurs, beaucoup de perte de tems, & souvent des méprises irréparables.

Vous avez un plan général, très-bien dessiné, & auquel rien ne paroît avoir été oublié ; c'est celui que M. Mounier vous a présenté, en vous exposant les travaux du Comité de Constitution ; mais les pierres mêmes de l'édifice vous manquent encore ; & vous ne pouvez les mettre en valeur qu'après les avoir travaillées chacune séparément, & conformément à leur destination particulière.

I X.

. Les différens Bureaux qui sont préposés à la discussion des matières de vos délibérations générales, ont leur utilité, j'en conviens; & de tems en tems, les rapports qu'on vous fait de leurs divers travaux, excitent l'applaudissement & l'admiration de votre auguste Assemblée.

. Plusieurs même d'entre vous, ont déjà fourni en leur particulier de fort-beaux projets, & tels sont ceux de MM. de Clermont-Tonnerre, l'Abbé Syeyes, Mounier, Thouret, Rabaut de Saint-Etienne & Bergasse : celui, entr'autres, de ce dernier Député, sur l'organisation du pouvoir *judiciaire*, mérite d'être profondément médité par des Législateurs impartiaux, ennemis de tout égoïsme, & toujours prêts à sacrifier au bien général l'intérêt de leur amour-propre.

Mais, quoique les Bureaux & les Membres les plus célèbres de l'Assemblée s'empressent de vous ouvrir d'abondantes carrières, ce ne sont pas là néanmoins vos seules richesses : vous êtes douze cents Députés, qui tous ont obtenu la confiance de la Nation; & vraisem-

blablement il n'en est aucun qui ne soit en état
de placer au moins quelques pierres dans ce
grand édifice de la Constitution & de la Législation du Royaume.

Or, aujourd'hui vous ne profitez des con-
noissances & des lumières que d'un très-petit
nombre. Combien sont presque ignorés parmi
vous, parce qu'à beaucoup d'instruction &
à un coup-d'œil très-philosophique, ils ont le
malheur de ne pas joindre encore ou le talent
d'écrire, ou celui de parler en public avec la
dignité convenable ! Et combien qu'un excès
de modestie retient ou qui n'osent se montrer
au grand jour, faute d'exercice !

Cette observation est d'autant plus frappante,
que, depuis l'ouverture de l'Assemblée Nationale, on ne compte guères qu'une trentaine
de Députés qui aient produit des Mémoires,
ou qui se soient fait entendre de la Tribune.
Ce sont toujours les mêmes Ecrivains qui
vous occupent de leurs projets : ce sont toujours les mêmes Orateurs qui, tour-à-tour,
remplissent la scène & s'emparent de la
parole.

Si vous ne prenez pas de tout autres mesures, les inconvéniens que j'ai cru pouvoir

me permettre de relever, ne cesseront point d'avoir lieu jusqu'à votre séparation, & vous ne ferez pas, à beaucoup près, tout le bien qu'on attend de vous.

X.

Je n'ai pas l'absurde prétention de réformer qui que ce puisse être, & bien moins encore les hommes les plus éclairés de la première Nation de la Terre; mais toutes les fois que je conçois un plan qui me paroît devoir être utile, je me hâte de le soumettre à ceux qui en font les vrais Juges; & c'est ce que je prends la liberté de faire en cette occasion.

Je desirerois donc, MESSEIGNEURS,

1°. Qu'il fût de règle parmi vous que ceux qui auroient ou des propositions à faire ou des projets à communiquer, ne se fissent connoître qu'après une décision positive de l'Assemblée sur leur sujet.

C'est ainsi qu'on en use dans les concours académiques; & cette sage pratique, qui prévient les partialités, les cabales, les jalousies de partis, seroit d'autant plus nécessaire dans l'Assemblée Nationale, que les trois Ordres de l'Etat, long-tems divisés par des intérêts opposés, s'y trouvent maintenant réunis pour délibérer en commun.

Vous voulez tous le bien général : mais vous êtes hommes, & par conséquent sujets à des préventions & à des foiblesses qui pourroient contrarier vos inclinations & le vœu de vos cœurs. Or, le plus sûr moyen de vous en garantir, c'est de vous imposer des loix de police, qui, en détournant vos regards des personnes même, ne fixent toute votre attention que sur les objets de vos délibérations.

Alors, on ne sera pas combattu ni jugé défavorablement pour être Député des Communes, ou de l'ordre de la Noblesse, ou de celui du Clergé : on n'imputera pas à l'un les complots désastreux d'un Catilina ; à l'autre, les prétentions, l'orgueil, l'esprit de domination qu'inspire une haute naissance ; & à cet autre, l'hypocrisie, l'astuce ou les préjugés presque inséparables de son état. Les propositions à discuter se présentant seules & sans cortège, seront envisagées sous leur vrai jour ; & les débats ne seront jamais ni tumultueux ni de longue durée. Personne, enfin, ne pouvant être humilié, ne regrettera d'avoir voulu faire le bien public.

2°. Que, conséquemment, à l'entrée de votre salle, il fût placé un trône, où chaque Député pût déposer journellement les motions qu'il auroit à faire.

Ce dépôt ne seroit ouvert, matin & soir, par le Président & les Secrétaires conjointement, qu'au moment où commenceroit la Séance; & aussi-tôt on procéderoit à la lecture des motions, suivant le rang que les feuilles qui les contiendroient, auroient occupé au fond de la Caisse.

Celles qui ne mériteroient aucune attention, seroient condamnées à ne plus reparoître; & celles, au contraire, qu'on jugeroit importantes, immédiatement soumises à la discussion.

L'on observeroit inviolablement l'ordre de priorité pour chaque motion; & le décret, favorable au contraire, seroit toujours définitivement prononcé, après trois délibérations successives, en des jours différens.

Deux objections principales pourront être faites contre cet arrangement.

La première, c'est que l'Assemblée sera tous les jours exposée à entendre des propositions ridicules ou inconséquentes, & des mémoires ennuyeux & rebutans par le style.

Cela, je l'avoue, n'est pas impossible ; mais est-il vraisemblable que cela arrive bien fréquemment ? Une Assemblée aussi respectable, & qui a été formée par une Nation aussi éclairée que la nôtre, ne doit avoir que très-peu de sujets médiocres, & bien moins encore d'esprits absurdes. Il y en aura, si l'on veut, un grand nombre qui n'auront ni correction, ni élégance, ni agrémens dans l'élocution ; mais de cette classe-là même, on en comptera beaucoup qui se distingueront par leur manière de voir, la justesse de leurs idées, l'exactitude de leurs observations ; or, comme ici, l'essentiel est de proposer des choses utiles, je crois que l'Assemblée seroit, en pareils cas, assez raisonnable, pour excuser les vices de la diction, & ne faire attention qu'au mérite du fonds, & à la solidité du raisonnement.

La seconde objection, c'est que l'Assemblée Nationale seroit toujours comme dans une sorte de chaos, puisque les motions écrites se présenteroient ainsi pêle-mêle, & sans aucune subordination les unes aux autres.

Je réponds, qu'il est très-facile de remédier

à cet inconvénient, en fixant d'avance l'ordre des matières qui doivent être mises en délibération. Supposons, par exemple, que, pour former la Constitution , il soit arrêté que la division d'objets, fournie par M. Mounier, doive être suivie jusqu'à ce que chacun de ces divers objets paroisse entièrement épuisé: qu'est-ce qui empêchera l'Assemblée de mettre à l'écart toute motion qui ne se rapportera pas à l'ordre du jour ? Je suis convaincu, qu'avec un peu de sévérité, on parviendra sans peine à contenir, dans les plus exactes limites, tous ceux d'entre les Députés, qui feront des motions, ou qui produiront des mémoires instructifs sur certaines matières peu débattues, & susceptibles de développement.

3°. Enfin , qu'il fût établi un second dépôt pour les différentes motions qui, après avoir été admises, comme dignes d'occuper l'Assemblée de la Nation, devroient être néanmoins discutées dans des tems plus calmes & plus tranquilles.

On appelleroit cet autre dépôt, celui des *motions réservées.*

Si, MESSEIGNEURS, vous aviez pris ce sage parti dès l'ouverture de votre Assemblée,

combien d'altercations dangereuses & alar-
mantes ne vous seriez-vous pas épargnées ?
Je pourrois vous citer vingt motions de ce
genre , & de ce nombre sont celles de *la
liberté du culte public* , de l'abolition des *annates* ,
de la conversion des *dîmes* en une contribution
pécuniaire, de la suppression de la *monasticité* ,
& de l'état civil des *Juifs*. Les quatre premières
sont trop précoces ; & , outre que les esprits
n'y sont pas suffisamment préparés , elles
exigent des arrangemens préalables qui ne
sont pas même encore prévus ; la dernière ,
sur - tout, quoique fondée sur la justice &
l'humanité, ne peut, politiquement parlant ,
être décrétée qu'après le plus mûr examen.

Affranchissez tout d'un coup & sans pré-
caution un peuple d'esclaves, vous ferez naître
de toutes parts l'anarchie ; rendez de même
aux Juifs tous leurs droits primitifs , sans
avoir prémuni la société contre cet esprit
de rapine & de duplicité, qui les caractérise
depuis tant de siècles , & avant comme après
leur dispersion ; & bientôt vous verrez ces
sang-sues publiques, toujours actives & voraces,
se répandre dans tout le Royaume , & s'a-
breuver du plus pur sang de nos Concitoyens.

J'ai lu avec intérêt les ouvrages apologéti-
ques qu'ont publiés, dans ces derniers tems,
MM. le Comte de Mirabeau, de Dohm,
l'Abbé Grégoire & autres Ecrivains, en faveur
de cette Nation malheureuse & persécutée;
ils m'ont très-bien prouvé qu'on exerce sur les
Juifs une tyrannie exécrable & contraire à
tous les principes; mais aucun d'eux ne m'a
persuadé qu'il ne faille employer les mesures
les plus efficaces pour les contenir jusqu'à ce
qu'ils aient pu contracter d'autres mœurs,
d'autres habitudes, des inclinations plus hon-
nêtes & plus sociales.

Une bonne législation fait, sans contredit,
les bons Citoyens; mais elle ne produit cet
effet salutaire qu'avec le tems, & jamais
elle ne corrige entièrement la génération
existante.

Or, je dis que, tant que les Juifs seront Juifs,
il faut les traiter humainement, parce qu'enfin
ils tiennent à l'espèce humaine; mais qu'en
améliorant leur sort, en allégeant les fers
dont on les accable, on ne doit pas les lâcher
sans prévoyance dans l'enceinte de nos Cités,
ni dans nos campagnes.

CONCLUSION.

C'est à votre sagesse, MESSEIGNEURS, que je soumets encore ce petit nombre d'observations. Si vous les trouvez justes, je serai très-flatté de votre suffrage; & si vous ne les jugez pas aussi favorablement, je reconnoîtrai que mes foibles talens ne répondent pas à mon zèle; mais j'aurai rempli ma tâche de Citoyen.

De Berlin, ce 13 Octobre 1789.

F I N.

De l'Imprimerie de la veuve HÉRISSANT, rue Neuve Notre-Dame.